はじめに

駄菓子屋から始まったベビースターブランドは、
今では三世代にわたって愛される
ロングセラー商品になりました。
パリッポリッとした独特の食感と、
チキンの旨味がギュッと詰まったベビースターは、
そのまま"お菓子"として食べるのはもちろん、
いろいろな料理に使ってもとってもおいしい！

with Dak galbi

with cucumber

いつもの料理に"ちょい足し"したり、
他の食材とあえたりするだけで、
食感と旨味が加わって、
料理の味や楽しさがグーンとアップします。
本書では、そんなベビースターを使った
レシピをたくさんご紹介。
どれも簡単なものばかりなので、
ご家族でぜひ作ってみてください！

ベビースターキャラクター「ホシオくん」について

ベビースターの3代目キャラクター「ホシオくん」は、
星柄の帽子がトレードマークの元気な男の子。
そんなホシオくんの秘密をご紹介します!

Profile

- **性別**：男の子
- **生まれ**：日本
- **育ち**：海外を転々としていたが日本に帰ってきた
- **年齢**：ヒミツ
- **特技**：歌とダンス
- **性格**：元気で活発、ちょっと目立ちたがり

「ホシオくん」の名前に込められた想い

1959年の発売当初、「ベビースターラーメン」は「ベビーラーメン」という名前でした。1973年、「子どもたちのなかでスター（一番星）になってほしい」との想いから、「ベビースターラーメン」になりました。47,000件以上の応募の中から選ばれた「ホシオくん」という名前にも、その想いは引き継がれています。
ホシオくんは、大好きなベビースターラーメンへの想いを得意な歌やダンスにのせてみんなに伝え、いつかビッグスターになる！ という夢を持っています。

本書に出てくるベビースターを紹介！

さまざまな味と種類があるベビースター。
本書のレシピで使っているのはこちらの4品。
どんな商品なのかご紹介します！

基本はコレを使用！

No.1 | ベビースターラーメン（チキン味）

発売以来のロングセラー商品であるおなじみのチキン味。チキンの旨味と野菜の旨味がギュッと詰まっています。四角い麺は、パリッポリッとした食感を生み、表面積が増えて味のなじみをよくします。（内容量39g）

No.2 | ベビースター ラーメン丸（チキン味）

ベビースターラーメンと濃厚なチキン味を染み込ませた「チキン味玉」をギュッと一口サイズに固めたビッツ状。細かくカットされたラーメン丸専用の麺を使用しています。（内容量63g）

No.3 | ベビースター ドデカイラーメン（チキン味）

ベビースターラーメンを21本横につなげた、つまみやすくて食べやすい幅広麺。この溝があることで表面積が増え、味のなじみもよく、パリッサクッとした食感に仕上がります。（内容量74g）

No.4 | プレッツェルみたいな ベビースター（フライドチキン味）

イースト発酵させた生地を用いることで、プレッツェルのように外はカリッ、中はサクッとした食感を実現。こしょうをメインに、香辛料をきかせたフライドチキン味です。（内容量67g）

Contents

```
はじめに ---------------------------------- 002
ベビースターキャラクター「ホシオくん」について ---- 004
本書に出てくるベビースターを紹介! ------------ 006
本書の使い方 ------------------------------ 012
```

Chapter 1
いつもの食べ方にひと工夫で新発見!
ちょい足しベビースター

ベビースターラーメンにちょい足し! ---------------- 014
調味料をプラス ------------------------------ 014
にんにくマヨ
チーズこしょう
カレーナッツ
カリカリパン粉
ホイップクリームわさび
練りごま
ピーナッツだれ
桜エビとラー油
ベビースターバター
チーズソース

ちょっとした食材をプラス ------------------- 018
温玉のっけ
パクチー
しば漬けタルタル
もずく酢
つぶし豆腐

野菜をプラス -------------------------------- 020
冷やしトマト
ジンジャーマヨセロリ
塩キャベツ
オニオンスライス
とろろ

ドデカイラーメンでディップ！ ---------- **022**
コンビーフ缶
じゃこオイルディップ
ワカモーレ
納豆ディップ
スイートチリ風ツナディップ
ガリのラビゴットソース

ラーメン丸にちょいのせ！ ---------- **024**
明太子
大根おろし
お惣菜
豆乳キャラメルクリーム
豆乳クリーム
梅大葉

プレッツェルみたいなベビースターをアレンジ ------ **026**
グリッシーニ風
クルトン風
チーズフォンデュ
ヨーグルトトライフル
チョコソース
チーズケーキ

column 1 ---------- **028**
ベビースターラーメンのトリビア

Chapter 2
**毎日の食卓でも大活躍！
子どもも喜ぶサラダ&おかず**

水菜のパリパリサラダ ---------- **030**
豆サラダ ---------- **032**
ライタ ---------- **034**
コブサラダ ---------- **036**
卵焼き ---------- **038**
しいたけマヨチーズ ---------- **040**
油揚げピザ ---------- **042**
まぐろのピリ辛ユッケ風 ---------- **044**
ねぎ塩サーモンアボカド ---------- **046**
生春巻き ---------- **048**

Contents

アヒージョ -------------------------------- 050
ハッシュドポテト -------------------------- 052
ピーマンとじゃこのきんぴら ---------------- 054
れんこんと鶏ひき肉の塩きんぴら ------------ 056
ゴーヤチャンプルー ------------------------ 058
レンジ麻婆豆腐 ---------------------------- 060
エビのチリソース -------------------------- 062
薄切り塩豚のカリカリ焼き ------------------ 064
鶏の唐揚げ -------------------------------- 066
チーズタッカルビ風 ------------------------ 068

column 2 -------------------------------- **070**
ベビースターラーメンの工場をのぞいてみよう！

Chapter 3
**これ一品で大満足！
アレンジごはん＆パン＆麺＆粉もん**

卵かけごはん ------------------------------ 076
お茶漬け ---------------------------------- 077
おかゆ ------------------------------------ 078
ベビースターラーメンもち ------------------ 079
ドライカレー ------------------------------ 080
マヨコーンパン ---------------------------- 082
サンドイッチ ------------------------------ 083
ねぎ塩ラーメン ---------------------------- 084
味噌バターコーン -------------------------- 085
ソース焼きそば ---------------------------- 086
塩焼きそば -------------------------------- 087
ケチャップあんかけ焼きそば ---------------- 088
淡雪あんかけ ------------------------------ 090
鮭ふりかけパスタ -------------------------- 092
基本のもんじゃ ---------------------------- 094

薬味もんじゃ ------------------------------ 096
梅もんじゃ
アボカドもんじゃ
なす味噌もんじゃ
明太子もちもんじゃ
スタミナもんじゃ

010

たこ焼き	098
春菊チヂミ風	100
豆腐入りお好み焼き	102

column 3 — 104
ベビースターアンバサダーレシピ
たっきーママさん
「ラー油のパリパリピリ辛ベビースターツナサラダ」
山本ゆりさん
「あっさりベビースターチャーハン」
かな姐さん
「スティックフライドベビースターラーメン」

Chapter 4
もう一品ほしいときやおつまみに！
小さなおかず

ベビースターかまぼこ	108
青のりとちくわのポテトサラダ	109
きゅうりボート	110
レタスカップ	111
千切りにんじんサラダ	112
ピリ辛もやし	113
オイルサーディンアレンジ	114
サバディップ	115
海苔キムチ	116
塩辛やっこ	117
ウスターキャベツ	118
ピーマンカップ	119
カプレーゼ	120
キムチ風はりはり漬け	121
デビルズエッグ	122
ふわふわはんぺん	123

column 4 — 124
ベビースターラーメンの歴史&商品紹介

| 食材INDEX | 126 |

How To Use This Book

本書の使い方

レシピ名

おすすめ度
食べ方や見た目のおすすめ度を星の数で表しています。

他のベビースターでも！
レシピとは別のベビースターでもおいしく作れるものをご紹介。

見た目がカラフル度 ★★★

野菜がたっぷり食べられる

コブサラダ

材料(2人分)
- ベビースターラーメン…1袋
- きゅうり…1/2本
- ミニトマト…5〜6個
- アボカド…1/2個
- ゆで卵…2個
- リーフレタス…適量

- マヨネーズ・中濃ソース…各大さじ1
- ケチャップ…大さじ1/2

作り方
1. きゅうりは小さめの乱切り、ミニトマトは半分に、アボカドは縦半分に切って8mm厚さに、ゆで卵は4等分に切る。
2. 器に食べやすくちぎったリーフレタスを敷き、ベビースターラーメン、1を盛り付けて混ぜ合わせたAをかける。

Memo
きれいに並べて盛り付けると、パーティーにぴったり！

食材INDEXを使うと便利！
巻末の食材INDEXを使えば、余った食材など、使いたい食材からレシピを選ぶことができます。

MEMO
調理のポイントやアレンジ方法、食材の豆知識などが書かれています。

★ 材料の表記は1カップ＝200ml（200cc）、大さじ1＝15ml（15cc）、小さじ1＝5ml（5cc）です。

★ 電子レンジは600Wを使用しています。

★ レシピには目安となる分量や調理時間を表記していますが、様子をみながら加減してください。

★ 飾りで使用した材料は明記していないものがあります。お好みで追加してください。

★ 野菜類は、特に指定のない場合は、洗う、皮をむくなどの下準備を済ませてからの手順を記載しています。

★ 火加減は、特に指定のない場合は、中火で調理しています。

012

Chapter 1

いつもの食べ方に
ひと工夫で新発見!
ちょい足しベビースター

身近な調味料をプラスしたり、

おなじみの食材にのせたりするだけで、

ベビースターのおいしさはぐーんと広がります。

思い立ったらさっそく試してみてください!

ベビースターラーメン
にちょい足し!

調味料 をプラス

\おにぎりの具にしても!/

マヨネーズ好きにはたまらない

にんにくマヨ

おろしにんにく(小さじ1/4)とマヨネーズ(大さじ3)を混ぜ、ベビースターラーメン(1袋)とあえる。にんにくはチューブのものでOK!

 スパイシー度 ★★★

おつまみにぴったり!

チーズこしょう

ベビースターラーメン(1袋)の上に、粉チーズ(小さじ2)と粗びき黒こしょう(適量)をのせる。チーズのコクとこしょうのスパイシーさが絶妙!

\パスタにかけてもおいしい!/

Chapter.1

スパイシーでクセになる！

カレーナッツ

ミックスナッツ(1/4カップ)をざっくり刻み、カレー粉(小さじ1)と混ぜ、ベビースターラーメン(1袋)と合わせる。ナッツの歯ごたえがアクセントに。

茹で野菜にかけてもOK！

ソテーしたお肉に合わせて

香ばしさがグレードアップ

カリカリパン粉

パン粉(1/2カップ)にオリーブオイル(大さじ1)を絡め、耐熱容器に入れてレンジで2分加熱。ベビースターラーメン(1袋)と混ぜ、食感を楽しんで。

新感覚の組み合わせ！

ホイップクリームわさび

生クリーム(1/2カップ)を泡立て、わさびと塩(各少々)を混ぜ、ベビースターラーメン(1袋)にのせる。ふわふわクリームにピリッとわさびが合う！

魚のソテーに添えて

濃厚なごまの風味が味わえる

練りごま

練りごま(大さじ1)と牛乳(小さじ2)を混ぜ、ベビースターラーメン(1袋)とあえる。牛乳はお好みで豆乳にかえてもおいしい！

\ 塩もみきゅうりと一緒に /

\ 千切りキャベツにのせても! /

香りとコクを楽しんで

ピーナッツだれ

ピーナッツバター(大さじ1)、しょうゆ・酢・水(各小さじ1)、砂糖(ひとつまみ)を混ぜ合わせ、ベビースターラーメン(1袋)とあえる。

 ピリッと辛うま度 ★★★

香ばしいエビの香りが後を引く

桜エビとラー油

桜エビ(大さじ2)とラー油(小さじ1/2)を混ぜ、ベビースターラーメン(1袋)と合わせる。ラー油の量はお好みで調節を。ごはんにも合う！

\ 冷たいうどんにのせて食べても! /

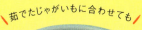

Chapter.1

茹でたじゃがいもに合わせても

 洋酒にもぴったり度 ★★★

ドライフルーツで大人の味に

ベビースター バター

室温に戻したバター(20g)と、ベビースターラーメン(1/2袋)を混ぜる。プルーンやあんずなどのドライフルーツをのせればリッチなおつまみに。

カップスープにちょい足し！

濃厚&クリーミー

チーズソース

クリームチーズ(40g)と牛乳(大さじ1)をレンジで30秒加熱して混ぜ合わせ、ベビースターラーメン(1袋)とあえる。お好みでこしょう、パセリみじん切り(各適宜)をふる。

017

ちょっとした食材 をプラス

半熟の黄身を絡めてどうぞ

温玉のっけ

ベビースターラーメン(1袋)に温泉卵(1個)をのせる。仕上げにごま油(小さじ1)をかける。とろ〜りとした黄身を崩し、よく絡めて召し上がれ！

 エスニック気分を楽しめる度 ★★★

独特の香りがヤミツキ

パクチー

パクチー(2本)をキッチンバサミで切り、サラダ油(小さじ1/2)と混ぜる。ベビースターラーメン(1袋)と合わせて、アジアンなアレンジの完成。

Chapter.1

さっぱりとした味わい

しば漬けタルタル

しば漬け(大さじ2)は細かく刻み、マヨネーズ(大さじ1)、ヨーグルト(大さじ1)と混ぜ合わせる。ベビースターラーメン(1袋)にかけて食べる。

まろやかな酸味がベストマッチ

もずく酢

もずく酢(1パック)を汁ごと器に入れ、ベビースターラーメン(1/2袋)を加える。酸味がマイルドになり、すっぱいものが苦手なお子さまも食べられそう。

ゆかりの香りがアクセントに

つぶし豆腐

ボウルに豆腐(1/2丁)を入れてつぶし、ベビースターラーメン(1袋)を加えて混ぜ、ゆかり(2つまみ)をふる。豆腐は絹でも木綿でも。水切りしなくてOK。

野菜 をプラス

 見た目がかわいい度 ★★★

トマトを丸ごと使って大胆に

冷やしトマト

よく冷やしたトマトはヘタ側を下にし、上部に十字の切り込みを入れて開く。切り込みの中にベビースターラーメン(1/3袋)を入れ、お好みでイタリアンパセリ(適宜)を添える。

食感と香りを楽しんで

ジンジャーマヨセロリ

ベビースターラーメン(1/2袋)とマヨネーズ(大さじ2)、チューブのおろししょうが(少々)を混ぜる。半分に切ったセロリ(2本)にのせる。

Chapter.1

キャベツがたっぷり食べられる

塩キャベツ

キャベツ(1/8個)をひと口大にちぎってポリ袋に入れ、塩(ひとつまみ)を加えて軽くもむ。少ししんなりしたら、ベビースターラーメン(1袋)と合わせる。

居酒屋風メニューが簡単に!

オニオンスライス

玉ねぎ(1/4個)は薄切りにして10分水にさらし、水気を切る。ベビースターラーメン(1袋)に玉ねぎと卵黄(1個分)をのせ、しょうゆ(少々)をひとたらし。

つーんと香るわさびで食欲アップ

とろろ

長芋(5cm)は皮をむいてポリ袋に入れ、ビンの底などでたたいて細かくする。器に盛ったベビースターラーメン(1袋)にのせ、わさび(適量)を添える。

ドデカイラーメン
でディップ！

じゃこの旨味たっぷり！

じゃこオイルディップ

ちりめんじゃこ（大さじ3）、オリーブオイル（大さじ3）、粉チーズ（大さじ1）、パセリ粗みじん切り（ドライ・大さじ1）を合わせる。

ボリューム満点のディップ

コンビーフ缶

コンビーフ（1缶）に、こしょうとチューブのおろしにんにく（各少々）を混ぜ、器に盛る。ドデカイラーメンをディップする。

お手軽にメキシカン！

ワカモーレ

アボカド（1個）はつぶし、ミニトマト（3個）は8等分に。玉ねぎ（みじん切り・大さじ1）、レモン汁（小さじ1）、塩・こしょう（各少々）と合わせる。

Chapter.1

太く、食べやすいドデカイラーメンは、
ディップにぴったりの形。
チキン味の香ばしさがいろいろなディップに合うから、
みんなでワイワイ楽しんで!

甘辛味でクセになる!

スイートチリ風ツナディップ

ツナ缶(1缶)とケチャップ(大さじ1)、レモン汁(小さじ1)、ラー油・砂糖(各少々)を混ぜる。薄切りにしたレモン(適宜)を添える。

カレー粉が隠し味!

納豆ディップ

納豆(ひきわり・1パック)、添付のタレ(1パック分)、カレー粉(小さじ1/2)を混ぜ合わせ、ドデカイラーメンをディップする。

 お手軽＆おしゃれ度 ★★☆

しょうがの甘酢漬でさっぱり

ガリのラビゴットソース

しょうが甘酢漬(大さじ1)、きゅうり(1/2本)、ミニトマト(2個)を粗みじん切りに。甘酢漬の甘酢(大さじ1)とオリーブオイル(大さじ3)、塩(少々)を混ぜる。

023

ラーメン丸
にちょいのせ！

ピリッとした辛さがたまらない

明太子

明太子（1/2腹）の中身を皮から取り出し、ごま油（小さじ1）を混ぜ、ラーメン丸にのせる。小さく刻んだ大葉（適量）を上に飾る。

さっぱり和風アレンジ

大根おろし

大根おろし（1/2カップ）の水気を軽く切り、塩（ひとつまみ）を混ぜる。ラーメン丸にのせ、青のり（小さじ2）を上に散らす。

 残ったおかずを有効活用度 ★★★

いつものおかずをちょいのせ

お惣菜

かぼちゃサラダやひじき煮、ポテトサラダ、おからなどのお惣菜（適量）をラーメン丸にのせる。いろいろなお惣菜が合うので試してみて！

Chapter.1

一口サイズのラーメン丸は、いろいろな食材をちょいのせすれば、ミニサイズのカナッペ風に。作りやすい分量で記載しているので、必要に応じて調整してください。

とろ〜りかけて召し上がれ

豆乳キャラメルクリーム

砂糖(大さじ4)と水(小さじ1)を鍋に入れ中火にかけ、茶色になるまで加熱。豆乳(1/4カップ)を入れ、混ぜながらとろみが出るまで煮詰める。

レモンピールを添えて

豆乳クリーム

ザルにキッチンペーパーを重ね、混ぜ合わせた無調整豆乳(1/2カップ)とレモン汁(小さじ2)を入れて水気を切る。塩(ひとつまみ)を加えて混ぜる。

※水切りは約1時間。

すっぱさがクセになる

梅大葉

梅肉(適量)をたたいてラーメン丸にのせ、大葉(千切り・適宜)を上に飾る。梅肉はチューブタイプのものでもOK。

プレッツェルみたいな ベビースター をアレンジ

イタリアンな前菜に変身!

グリッシーニ風

プレッツェルみたいなベビースター3本ほどを1組にし、半分にちぎった生ハムで巻けば、お手軽な前菜に。お好きな分量で作って!

 朝ごはんにもおすすめ度 ★★★

スープがさらにおいしくなる!

クルトン風

お好みのカップスープをパッケージの表示通りに作り、プレッツェルみたいなベビースター(適量)を折ってスープに浮かべる。

濃厚チーズをたっぷりつけて

チーズフォンデュ

カマンベールチーズ(1/6カットを2個)を耐熱容器に入れ、ラップをかけてレンジで1分加熱。プレッツェルみたいなベビースターに添える。

Chapter.1

イースト発酵させた生地を使ったプレッツェルみたいなベビースターは、
そのまま食べるのはもちろん、
前菜やスイーツなどいろいろなレシピに使えます！

かわいいグラスデザート

ヨーグルトトライフル

ザルにキッチンペーパーを重ねヨーグルト（100g）の水を切り、砂糖（大さじ1）を混ぜる。ベリー、プレッツェルみたいなベビースター（各適量）と器に盛る。

※水切りは約2時間。

甘さとしょっぱさが絶妙

チョコソース

ココア（大さじ4）、はちみつ（大さじ2）、サラダ油（小さじ2）を混ぜ合わせ、プレッツェルみたいなベビースターに添える。

あっという間に完成！

チーズケーキ

耐熱容器にクリームチーズ（40g）と砂糖（大さじ1）を入れ、ラップをかけレンジで20秒加熱。プレッツェルみたいなベビースター（適量）にのせる。

ベビースターラーメンのトリビア

column 1

ベビースターラーメンが生まれた秘密や、おもしろトリビアをご紹介します。
ベビースターのことをもっと知ってください！

ベビースターラーメンは「もったいない精神」から生まれた

trivia : 1

即席麺を天日干しで製造していた1950年代当時、創業者の故・松田由雄は、麺のかけらがこぼれ落ちるのを見て「もったいない」と思いました。そこで、集めた麺のかけらに味付けしておやつとして従業員に配ったところ、それが大評判。「それなら商品化してみよう」と考えたのが誕生のきっかけです。

1袋に入っている麺を1本につなげた長さはどのくらい？

trivia : 2

「ベビースターラーメン ミニ（チキン）」に入っている23gの麺をつなげると、なんと約7mもの長さになります。

※実際に測った結果の例であり、製造する際に長さを測って袋に入れているわけではありません。

1日に作っているベビースターラーメンは何袋？

trivia : 3

ベビースターラーメンを作っている久居工場では、「ベビースターラーメン ミニ（チキン）」を、1日約200万袋も作ることができます。袋を縦に並べると約280kmになり、宇宙にも行ける長さです。

Chapter 2

毎日の食卓でも大活躍!
子どもも喜ぶ
サラダ&おかず

いつものメニューにベビースターが仲間入りしていたら

子どもはびっくり&大喜び!

ベビースターの食感と凝縮した旨味が

サラダやおかずをおいしくしてくれます!

Chapter.2

いつものサラダが大変身度 ★★★

食感を楽しむシンプルサラダ

水菜の
パリパリサラダ

ドデカイ
ラーメン
でもおいしい！

材料（2人分）
ベビースターラーメン…1袋

A | サラダ油…小さじ2
　 | しょうゆ…小さじ1
　 | 酢…小さじ1

水菜…1束

作り方
1. A は混ぜ合わせておく。水菜は4cm長さに切り、ボウルで A とあえる。
2. 器に盛り、ベビースターラーメンをのせる。

★ Memo ★

水菜は別名「京菜」と呼ばれる京野菜。ビタミンCが豊富です。

水菜がたっぷり
食べられる！

031

Chapter.2

香味野菜でさわやかに

豆サラダ

材料(2人分)

ベビースターラーメン…1袋
オクラ…2本
みょうが…1個
ミックスビーンズ缶…1缶

A ┃ マヨネーズ・牛乳
　 ┃ …各大さじ2
　 ┃ 粒マスタード…大さじ1
　 ┃ 塩・こしょう…各少々

大葉…2枚

作り方

1. オクラは茹でて小口切りに、みょうがは縦半分に切って小口切りにする。
2. 1とベビースターラーメン、ミックスビーンズをあえて器に盛り、合わせた A をかける。千切りにした大葉をのせる。

いろいろな食感が楽しめる！

★Memo★

香味野菜をスナップエンドウやレタスにかえてもOKです！

★ Chapter.2

カレーのお供にぴったり度 ★★★

さわやかなヨーグルトサラダ

ライタ

材料(2人分)
ベビースターラーメン…1袋
きゅうり…1/2本

A
- ヨーグルト…1/2カップ
- おろしにんにく(チューブ)…少々
- 塩…小さじ1/3
- こしょう…少々
- オリーブオイル…小さじ2

作り方
1. きゅうりはピーラーで縞目に皮をむき、小口切りにする。
2. *A*を混ぜ合わせ、*1*とベビースターラーメンと合わせる。

ヨーグルト風味で食べやすいよ

★ Memo ★
ライタはインドなどで食べられているヨーグルトと野菜のサラダです。

Chapter.2

 見た目がカラフル度 ★★★

野菜がたっぷり食べられる

コブサラダ

ラーメン丸でもおいしい！

材料（2人分）

ベビースターラーメン…1袋
きゅうり…1/2本
ミニトマト…5〜6個
アボカド…1/2個
ゆで卵…2個
リーフレタス…適量

A | マヨネーズ・中濃ソース…各大さじ1
　 | ケチャップ…大さじ1/2

作り方

1. きゅうりは小さめの乱切り、ミニトマトは半分に、アボカドは縦半分に切って8mm厚さに、ゆで卵は4等分に切る。

2. 器に食べやすくちぎったリーフレタスを敷き、ベビースターラーメン、1を盛り付けて混ぜ合わせたAをかける。

★ Memo ★

きれいに並べて盛り付けると、パーティーにぴったり！

お弁当におすすめ度 ★★★

にら入りでスタミナも◎

卵焼き

材料（作りやすい分量）

ベビースターラーメン…1袋
卵…3個
にら…3本
サラダ油…大さじ1

作り方

1. ボウルで卵を溶き、ベビースターラーメン、1cm幅に切ったにらを入れて混ぜ合わせる。
2. 卵焼き器を熱してサラダ油を少量なじませ、*1*の1/3量を流し広げる。固まったら三つ折りにして奥に移動させる。
3. 手前にサラダ油をなじませて*1*の1/3量を入れ、焼けたら巻く。残りを同じように焼く。

★Memo★

ベビースターラーメンを入れると、調味料なしでも味がキマリます。

しいたけマヨチーズ

苦手なしいたけも克服できるかも！

材料（2人分）
ベビースターラーメン…1袋
しいたけ…6枚
マヨネーズ…大さじ2
ピザ用チーズ…適量

作り方
1. しいたけの石づきを取り、軸に格子状の切り込みを入れる。
2. ベビースターラーメンとマヨネーズを混ぜて *1* にのせ、ピザ用チーズをのせてオーブントースターでこんがりと焼く。

★ Memo ★
食物繊維が豊富なしいたけは、軸に旨味が詰まっています！

マヨチーズ味で子どもも食べやすい！

サクッと焼いた油揚げが香ばしい
油揚げピザ

材料（1枚分）

ベビースターラーメン…1/2袋
油揚げ…1枚
ピザ用チーズ…大さじ3
小ねぎ（小口切り）…少々
刻み海苔…適量

作り方

1. 油揚げはキッチンペーパーで挟んで余分な油を取り、半分に切る。

2. フライパンを中火で熱し、1を1分焼き、裏返してベビースターラーメン、ピザ用チーズをのせ、蓋をして2分焼く。

3. 小ねぎ、刻み海苔を散らす。

サクサクの食感がたまらない！

★Memo
油揚げは油抜きせず、ペーパーで拭き取るだけでOKです！

Chapter.2

卵黄を崩しながらどうぞ

まぐろの
ピリ辛ユッケ風

材料(2人分)

ベビースターラーメン…1袋
まぐろ(刺身用)…100g
しょうゆ…小さじ1
キムチ…30g
レタス…適量
卵黄…1個分
ごま油…小さじ1

作り方

1. まぐろは1cm角に切ってボウルに入れ、しょうゆを絡め、ベビースターラーメン、キムチを混ぜる。

2. 食べやすくちぎったレタスを器に敷き、1を盛り付け、卵黄をのせる。仕上げにごま油をかける。

★**Memo**★

鮮魚の刺身にベビースターラーメンが合う！ぜひお試しあれ。

Chapter.2

パリパリ食感がアクセントに

ねぎ塩
サーモンアボカド

材料(2人分)
ベビースターラーメン…1/4袋
長ねぎ(粗みじん切り)…10cm分
塩…小さじ1/4
ごま油…大さじ1
アボカド…1/2個
サーモン(刺身用)…4切れ
レモン(くし形切り)…1切れ

作り方

1. 耐熱容器に長ねぎ、塩を入れて電子レンジで20秒加熱し、ごま油を混ぜる。

2. アボカドは薄切りにしてサーモンと一緒に皿に盛り付け、ベビースターラーメンをのせ、レモンを添える。

3. 1が冷めたら2にかける。

★Memo★

サーモンには、抗酸化作用のあるアスタキサンチンが豊富!

Chapter.2

野菜たっぷりのベトナム料理

生春巻き

材料（2本分）

ベビースターラーメン …1袋
ライスペーパー…2枚
リーフレタス…2枚
きゅうり…1/2本
パクチー（あれば）…適宜
スイートチリソース（市販）…適量

作り方

1. 水で濡らした布巾を絞ってまな板の上に置き、その上にさっと水にくぐらせたライスペーパー1枚を置く。

2. 1の手前にリーフレタス1枚を広げ、ベビースターラーメン、拍子木切りにしたきゅうり、パクチーの半量をのせる。

3. ライスペーパーの手前を持ち上げ、きつくひと巻きする。両端をリーフレタスごと中心に向かって折りたたみ、しっかり押さえながら巻く。もう1本も同様に作る。

4. 半分に切って器に盛り、スイートチリソースを添える。スイートチリソースは水・レモン汁（各小さじ2）、ナムプラー・砂糖（各小さじ1）、豆板醤（小さじ1/6）を混ぜて作ってもOK。

★Memo★

ライスペーパーは戻すとくっ付きやすいので、1枚ずつ戻して。

★ Chapter.2

 ワインにもぴったり度 ★★★

ガーリックの香りで食欲アップ

アヒージョ

ラーメン丸でもおいしい!

材料(2人分)

ベビースターラーメン…1袋
むきエビ…8尾
塩・こしょう…各少々
しめじ…1/2パック
にんにく…1片
ミニトマト…3個
オリーブオイル…大さじ6
パセリ(みじん切り)…少々

作り方

1. エビに塩・こしょうをふる。しめじは石づきを取ってほぐし、にんにくはつぶす。

2. 小さめのフライパンに*1*、ミニトマトを入れ、オリーブオイルを加えて中弱火で4分煮る。ベビースターラーメンを加えて混ぜ、パセリをふる。

★Memo★
アヒージョのオイルにバゲットをひたして食べてもおいしい!

Chapter.2

朝ごはんにもおすすめ！

ハッシュドポテト

材料(2人分)
ベビースターラーメン…1袋
じゃがいも…2個(正味250g)
サラダ油…大さじ1
ケチャップ…適宜

作り方
1. じゃがいもはスライサーで千切りにし、ボウルでベビースターラーメンと混ぜ合わせる。
2. フライパンにサラダ油を熱し、*1*を入れる。フライ返しで押さえながら、中弱火で両面4分ずつ焼く。器に盛り、お好みでケチャップを添える。

★ Memo ★
ベビースターラーメンを入れることでしっかり味がつきます！

揚げずに作れるので簡単！

Chapter.2

甘辛い味でごはんがすすむ！

ピーマンと
じゃこのきんぴら

材料(2人分)

ベビースターラーメン…1袋
ピーマン…5個
サラダ油…大さじ1
ちりめんじゃこ…大さじ2
みりん…大さじ1
しょうゆ…小さじ2

作り方

1. ピーマンはヘタと種、わたを取り、細切りにする。
2. フライパンにサラダ油を熱してちりめんじゃことﾉを炒め、しんなりしたらみりんとしょうゆで調味し、ベビースターラーメンを加えて混ぜ合わせる。

★ Memo ★

香ばしいじゃこと、パリパリのベビースターがよく合う！

苦手なピーマンも克服できるかも!?

055

Chapter.2

ひき肉の旨味が全体に絡む！

れんこんと鶏ひき肉の塩きんぴら

材料（2人分）
ベビースターラーメン…1袋
れんこん…200g
サラダ油…小さじ2
塩…小さじ1/2
鶏ひき肉…100g
水…大さじ1

作り方
1. れんこんは皮をむいて8mm厚さに切る。
2. フライパンにサラダ油を熱し、塩をふったひき肉をさっと炒める。1を入れ、水を加えて蓋をし、蒸らし炒めする。れんこんに火が通ったらベビースターラーメンを加えて炒め合わせる。

★ Memo ★
蒸らし炒めは、蓋をして油と食材を加熱し、旨味を引き出す方法です。

れんこんとベビースターの食感が◎

057

Chapter.2

 夏バテ防止におすすめ度 ★★★

苦味成分で食欲アップ！

ゴーヤチャンプルー

材料（2人分）

ベビースターラーメン…1袋
ゴーヤ…1/2本
卵…1個
ツナ缶…1缶（70g）
塩…少々

作り方

1. ゴーヤは種とわたを取り、5mm幅に切る。卵は溶きほぐしておく。
2. フライパンを熱し、ツナ缶をオイルごと入れてさっと炒め、ゴーヤ、塩を加えて3分炒める。
3. 2にベビースターラーメン、卵を入れ、全体を大きく混ぜて卵に火を通す。

★Memo★

ゴーヤの苦味が苦手な場合は、下茹でして調理するとマイルドに。

Chapter.2

 お手軽らくらく度 ★★☆

すぐにできるボリュームメニュー

レンジ麻婆豆腐

材料(2人分)

ベビースターラーメン…1袋
豚ひき肉…100g

A
- 砂糖…小さじ1
- 味噌…大さじ1・1/2
- ごま油…小さじ1
- 豆板醬…小さじ1/2
- おろししょうが(チューブ)…小さじ1
- 片栗粉…小さじ2

豆腐(絹・木綿どちらでも)…1丁(300g)
小ねぎ…5cm

作り方

1. 耐熱ボウルにひき肉とAを混ぜ合わせ、ボウルの周りに広げ、豆腐を入れて電子レンジで5分加熱する。
2. ひき肉をよく混ぜ、豆腐を大きくくずしながら混ぜ合わせる。
3. 2にベビースターラーメンを加えてざっくりと混ぜる。器に盛り、斜め切りにした小ねぎを散らす。

★Memo★

ひき肉に混ぜた片栗粉と豆腐の水分が混ざることでとろみになります!

061

Chapter.2

ベビースターの食感と旨味をプラス

エビのチリソース

材料(2人分)

ベビースターラーメン…1袋
むきエビ…150g
片栗粉…小さじ1
サラダ油…大さじ1
しょうが(みじん切り)…大さじ1
水…大さじ2
ケチャップ…大さじ2
塩…ひとつまみ
サラダ菜…適量

作り方

1. エビはサッと洗って水気を取り、片栗粉をまぶす。
2. フライパンにサラダ油としょうがを入れて火にかけ、細かく泡立つまで炒め、*1*を入れて両面焼く。
3. 水を入れ、ケチャップ、塩を加えて炒め合わせる。器にサラダ菜を敷いて盛り付け、ベビースターラーメンをのせる。

★Memo★

工程*3*は、先に水を入れないとケチャップが飛び散るので注意。

香ばしく焼いた豚肉で巻いて

薄切り塩豚の
カリカリ焼き

ドデカイラーメンでもおいしい!

材料(2人分)

ベビースターラーメン…1袋
豚バラ肉(スライス)…150g
塩…小さじ1/3
小ねぎ…3本

作り方

1. 豚肉は長さを半分に切って塩をふり、冷蔵庫で20分置く。

2. フライパンを熱し、*1*をこんがりと焼く。5cm長さに切った小ねぎとベビースターラーメンを巻いて食べる。

★ Memo ★
豚肉はじっくりと焼くと、余分な脂が出て旨味が凝縮します。

巻いて食べるのが楽しい!

大人も子どもも大好き度 ★★★

サクッとクリスピー！

鶏の唐揚げ

材料（2人分）

ベビースターラーメン…1袋
鶏もも肉…200g

A
| おろししょうが…小さじ1
| おろしにんにく…小さじ1/2
| 塩…小さじ1/4
| こしょう…少々
| 溶き卵…1/2個分

薄力粉…大さじ1
揚げ油…適量

作り方

1. 鶏肉をひと口大に切り、A とともにポリ袋に入れてもみこむ。薄力粉を加えてさらにもみこむ。

2. 1にベビースターラーメンをまぶしつけ、手でにぎってなじませる。フライパンに2cmの高さに揚げ油を入れ、冷たいうちから入れて中火で4分揚げ、裏返してさらに4分揚げる。

★ Memo ★

冷たい油からお肉を入れて揚げることで、ジューシーに仕上がります！

Chapter.2

甘辛い味にハマる人続出！

チーズタッカルビ風

ドデカイラーメンでもおいしい！

材料(2人分)
ベビースターラーメン…1袋
鶏もも肉…200g

A | 味噌…大さじ1
  | ケチャップ…大さじ1

ごま油…小さじ2
キムチ…1/4カップ
水…大さじ3
ピザ用チーズ…大さじ4

作り方
1. 鶏肉をひと口大に切り、Aとともにポリ袋に入れてもみこむ。
2. フライパン(直径20cmのものを使用)にごま油を熱し、中火で1とキムチを2分炒める。
3. 2に水を入れて混ぜ、チーズをのせて蓋をし、弱火で5分煮る。ベビースターラーメンをのせる。

★Memo★
たくさん作る場合は、ホットプレートで作ってもおいしくできます！

069

ベビースターラーメンの工場をのぞいてみよう!

ベビースターを製造している三重県津市の久居工場。
遊び心いっぱいの工場の様子と、
ベビースターができるまでをご紹介します!

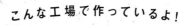
こんな工場で作っているよ!

ホシオくんが描かれた黄色い壁の建物が並ぶ久居工場は、1992年に竣工。小麦粉の入荷から製造・包装・出荷までのすべての工程を全自動化した製造ラインが特徴です。

ベビースターラーメンができるまで

STEP 1 材料をよく混ぜる

小麦粉と水を混ぜて、よくこねます。

STEP 2 ローラーで伸ばす

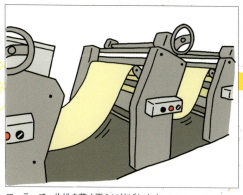

ローラーで、生地を薄く平らに伸ばします。

細く切る

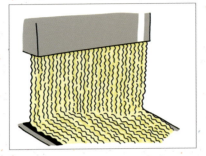

伸ばした生地を、機械で細くカットします。

蒸気で蒸す

カット後、蒸しあげます。

味付けする

秘伝のスープでしっかりと味付けしていきます。この工程は企業秘密です。

じっくり味を染み込ませるよ

郵 便 は が き

1 5 0 - 8 4 8 2

お手数ですが
切手を
お貼りください

東京都渋谷区恵比寿4-4-9
えびす大黒ビル
ワニブックス 書籍編集部

―― **お買い求めいただいた本のタイトル** ――

本書をお買い上げいただきまして、誠にありがとうございます。
本アンケートにお答えいただけたら幸いです。
ご返信いただいた方の中から、
抽選で毎月5名様に図書カード(1000円分)をプレゼントします。

ご住所　〒

TEL (　　　-　　　-　　　)

(ふりがな)
お名前

ご職業

年齢　　　歳

性別　男・女

いただいたご感想を、新聞広告などに匿名で
使用してもよろしいですか？　（はい・いいえ）

※ご記入いただいた「個人情報」は、許可なく他の目的で使用することはありません。
※いただいたご感想は、一部内容を改変させていただく可能性があります。

●**この本をどこでお知りになりましたか?(複数回答可)**

1. 書店で実物を見て　　　　　2. 知人にすすめられて
3. テレビで観た（番組名：　　　　　　　　　　　　　　　　）
4. ラジオで聴いた（番組名：　　　　　　　　　　　　　　　）
5. 新聞・雑誌の書評や記事（紙・誌名：　　　　　　　　　）
6. インターネットで（具体的に：　　　　　　　　　　　　　）
7. 新聞広告（　　　　　　新聞）　8. その他（　　　　　　）

●**購入された動機は何ですか?(複数回答可)**

1. タイトルにひかれた　　　　　2. テーマに興味をもった
3. 装丁・デザインにひかれた　　4. 広告や書評にひかれた
5. その他（　　　　　　　　　　　　　　　　　　　　　　　　）

●**この本で特に良かったページはありますか?**

●**最近気になる人や話題はありますか?**

●**この本についてのご意見・ご感想をお書きください。**

以上となります。ご協力ありがとうございました。

column 2

STEP 6 油で揚げる

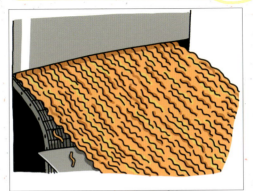

こんがりときつね色になるまで油で揚げます。

STEP 7 カットする

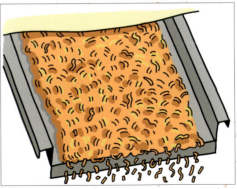

食べやすいサイズにカット。ベビースターの形ができました。

073

column 2

STEP 8 袋に詰める

袋に詰めたら、ベビースターの完成です！

完成！

箱詰めされた商品を運ぶ工程では、キリンの「きっちりくん」やシマウマの「まっすぐくん」が活躍しているよ！

Chapter 3

これ一品で大満足!
アレンジごはん&パン&
麺&粉もん

ごはんやパン、麺類、粉もんにも
ベビースターが大活躍します。
ボリュームもあって、見た目も楽しい、
朝・昼・夜、いつ食べてもおいしいレシピばかりです。

卵好きにおすすめ度 ★★★　ポリポリ食感のTKG！

卵かけごはん

材料(1人分)

ベビースターラーメン…1/2袋
ごはん…1膳分
卵…1個
しょうゆ…少々
小ねぎ…5cm

作り方

1. ごはんを器に盛り、ベビースターラーメンをのせて卵を割り入れる。
2. しょうゆをかけ、小口切りにした小ねぎを散らす。

★Memo★　ベビースターラーメンに塩気があるので、しょうゆの量は調節を！

チキンの旨味で満足度アップ
お茶漬け

材料(1人分)

ベビースターラーメン…1/2袋
ごはん…1膳分
ごま…適量
青のり…適量
わさび…お好みで
お茶…適量

作り方

1. ごはんを器に盛り、ベビースターラーメンとごま、青のりをのせる。
2. わさびをのせてお茶をかける。

★ Memo ★ 夏は冷やし茶漬けにするのもおすすめ！

食感＆塩気がアクセントに

おかゆ

プレッツェル
みたいな
ベビースター
でもおいしい！

材料(1人分)

ベビースターラーメン…1/4袋
ごはん…1膳分
水…2カップ
ごま油…小さじ1

作り方

1. 鍋にごはん、水を入れて5分煮る。
2. 1を器に盛り、ベビースターラーメンをのせてごま油をかける。

★Memo　お米(大さじ4)を水(1・1/2カップ)で煮ておかゆを作っても。

見た目も楽しく食べ応えも◎

ベビースターラーメンもち

材料(2人分)
ベビースターラーメン…1袋
切りもち…2個
水…大さじ2

作り方
1. 切りもちは半分に切る。耐熱皿に少し離して入れ、水をかけてラップをし、電子レンジで1分30秒加熱する。
2. 1にベビースターラーメンをまぶしつける。

★Memo★ はちみつ、すりごま、粉チーズなどをかけ、味を変えて楽しんで。

スパイシーな味わい！
ドライカレー

材料（1人分）

ベビースターラーメン…1袋
玉ねぎ…1/2個
ピーマン…1個
サラダ油…小さじ2
合いびき肉…100g

A ｜ しょうゆ・カレー粉…各小さじ1
　｜ おろしにんにく(チューブ)…小さじ1
　｜ ケチャップ…小さじ2

ごはん…1膳分

作り方

1. 玉ねぎは粗みじん切り、ピーマンは1cm角に切る。
2. フライパンにサラダ油を熱し、ひき肉を色が変わるまで炒め、玉ねぎを入れてさらに炒める。玉ねぎがしんなりしたらピーマンとA、ベビースターラーメンを入れて炒め合わせる。
3. ごはんを器に盛って2をかける。

★Memo★
ドライカレーは
すぐに作れるの
で時間がないと
きにおすすめ！

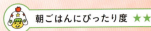

朝ごはんにぴったり度 ★★★　**お子さまに大人気の惣菜パン**

マヨコーンパン

材料（2個分）

ベビースターラーメン…1/2袋
コーン缶…大さじ4
マヨネーズ…大さじ2
ロールパン…2個

作り方

1. コーンは水気をきってボウルに入れ、ベビースターラーメン、マヨネーズを混ぜ合わせる。
2. ロールパンに切り込みを入れて*1*を挟む。

★*Memo*★　食パンの上にのせてもおいしく食べられます！

Chapter.3

パリポリ&シャキシャキの食感
サンドイッチ

材料(2人分)
ベビースターラーメン…1袋
サンドイッチ用食パン…4枚
バター…20g
マスタード…少々
キャベツ(千切り)…2カップ

作り方
1. 食パンの片面に室温で柔らかくしたバター、マスタードを塗る。
2. 1の食パン2枚にキャベツ、ベビースターラーメンを1/2量ずつのせ、残りの食パンをかぶせる。それぞれラップで包んで休ませ、半分に切る。

★Memo★　しっかり休ませると切りやすくなります！

ごま油の香りが香ばしい

ねぎ塩ラーメン

材料(1人分)

ベビースターラーメン…1袋
長ねぎ…5cm
塩…ひとつまみ
ごま油…小さじ1
ガラスープの素…ひとつまみ
熱湯…1・1/2カップ

作り方

1. 長ねぎは粗みじん切りにして塩、ごま油を混ぜる。

2. ベビースターラーメン、ガラスープの素を器に入れて熱湯を注ぎ、蓋(皿などでも)をして3分待つ。1をのせる。

★Memo★ ゆで卵やかいわれ大根をトッピングするのもおすすめ！

Chapter.3

バターのコクが溶け出す!

味噌バターコーン

材料(1人分)
ベビースターラーメン…1袋
味噌…小さじ1
熱湯…1・1/2カップ
コーン缶…大さじ2
バター…5g

作り方
1. ベビースターラーメンを器に入れ、味噌をのせ、熱湯を注いで、蓋(皿などでも)をして3分待つ。
2. 1を混ぜてコーン、バターをのせる。

★**Memo**★ チキン味+味噌が合う! ねぎやメンマをプラスしても。

ベビースターラーメンが焼きそばに！

ソース焼きそば

材料（1人分）

ベビースターラーメン…1袋
キャベツ…1枚
サラダ油…小さじ2
豚切り落とし肉…50g
もやし…ひとつかみ
ソース…小さじ1
水…大さじ1
紅しょうが…少々

作り方

1. キャベツは細切りにする。

2. フライパンにサラダ油を熱し、豚肉を色が変わるまで炒め、もやし、キャベツを入れてさっと炒める。

3. 2にベビースターラーメン、ソース、水を入れて蓋をし、弱火で2分加熱する。器に盛り、紅しょうがをのせる。

★*Memo*★ ピリッとさわやかな紅しょうががチキン+ソースの味を引き立てる！

チキンの旨味が際立つ!

塩焼きそば

材料(1人分)
- ベビースターラーメン…1袋
- ベーコン…1枚
- グリーンアスパラガス…1本
- えのきだけ…1/2袋
- サラダ油…小さじ2
- 水…大さじ1
- 塩・こしょう…少々
- 刻み海苔…適量
- レモン(半月切り)…2枚

作り方
1. ベーコンは1cm幅に切り、アスパラガスは根元を少し除いて斜め薄切り、えのきだけは石づきを取ってほぐす。
2. フライパンにサラダ油を熱し、1を入れてさっと炒める。
3. 2にベビースターラーメン、水を入れて蓋をし、弱火で2分加熱。塩・こしょうで調味する。海苔をのせ、レモンを添える。

★Memo★ ほんのりレモン風味にするとさっぱりと食べられる!

Chapter.3

みんな大好きな甘辛味

ケチャップ
あんかけ焼きそば

材料(1人分)
ベビースターラーメン…1袋
水…大さじ1
冷凍シーフードミックス…1/2カップ

A
| ケチャップ…大さじ1
| 砂糖…小さじ2
| しょうゆ・酢…各小さじ1
| 水…大さじ3
| 片栗粉…小さじ1/2

長ねぎ…5cm

作り方
1. 鍋に水、凍ったままのシーフードミックスを入れて煮立て、Aを入れて混ぜながらとろみがつくまで煮る。
2. 器に盛ったベビースターラーメンに**1**をかけ、白髪ねぎにした長ねぎをのせる。

★Memo★
シーフードとチキンの旨味をケチャップあんがまとめます。

088

ふわふわ&とろとろ

淡雪あんかけ

材料（1人分）

ベビースターラーメン…1袋
カニ風味かまぼこ…2本
スナップエンドウ…2本

A｜ ガラスープの素…小さじ1/2
　｜ 片栗粉…小さじ1/2
　｜ 水…1/2カップ

卵白…1個分

作り方

1. カニ風味かまぼこは裂き、スナップエンドウは斜め切りにする。

2. 混ぜ合わせた*A*と*1*を鍋に入れて煮立て、溶きほぐした卵白を細く流し入れる。器に盛ったベビースターラーメンにかける。

★Memo★

残った卵黄は卵かけごはんなどにして使ってください。

サクッとランチにおすすめ度 ★★☆

混ぜるだけで完成！

鮭ふりかけパスタ

材料（1人分）
ベビースターラーメン…1袋
鮭フレーク…大さじ2
パスタ…80g
青のり…小さじ1

作り方
1. ベビースターラーメンと鮭フレークを混ぜ合わせる。
2. 塩（分量外）を入れ、表示通り茹でたパスタに、オリーブオイル（分量外）を絡める。器に盛り、1をかけて青のりをふる。

★Memo★
青のりの風味がふんわりと香り、食欲をかき立てます！

ベビースターの食感がアクセント！

Chapter.3

フライパンでも手軽にできる！
基本のもんじゃ

材料（1回分）

ベビースターラーメン…1袋
キャベツ…80g

A | 水…1カップ
  | ウスターソース…大さじ1

薄力粉…大さじ2（18g）
サラダ油…小さじ2
天かす…大さじ2
ドデカイラーメン（ヘラ用）…適量

作り方

1. キャベツは細切りにする。ボウルに *A* を混ぜ合わせ、薄力粉を入れて混ぜ合わせる。

2. フライパンにサラダ油を熱し、*1* のキャベツ、天かすをさっと炒めて中心をあけて広げ、*1* の生地、ベビースターラーメン（少し残しておく）を加えて焼く。

3. 生地がブクブクしてきたら全体を混ぜ合わせ、底がこんがりするまで焼く。さらにベビースターラーメンを追加して食べる。ドデカイラーメンをヘラにして食べるのがおすすめ！

★ *Memo* ★

トッピングやヘラとして、ベビースターを存分に活用して！

たっぷりの薬味がさわやか！
薬味もんじゃ

作り方

基本のもんじゃの 2 でしょうがの粗みじん切り（小さじ1）とみょうがの薄切り（1/2個分）を加えて焼き、3 でちぎった大葉（2枚）、みょうがの薄切り（1/2個分）を散らして食べる。

梅が味を引き締める！
梅もんじゃ

作り方

基本のもんじゃの 2 でちりめんじゃこ（大さじ2）、種を取ってたたいた梅肉（1個分）を加えて焼き、3 で3cm長さに切ったかいわれ大根（1/4パック）を散らして食べる。

女性に大人気のもんじゃ
アボカドもんじゃ

作り方

基本のもんじゃの 2 で桜エビ（大さじ2）、縦半分に切って1cm厚さに切ったアボカド（1/2個分）を加えて焼き、3 でピザ用チーズ（大さじ3）を加えて仕上げる。

Chapter.3

こってり味がいい感じ！
なす味噌もんじゃ

作り方

5mm厚さの半月切りにしたなす(1本)と味噌(小さじ2)、砂糖・ごま油(各小さじ1)を混ぜて電子レンジで2分加熱。基本のもんじゃの2に加えて焼く。

 もんじゃ人気度 ★★★

迷ったときはこれ！
明太子もちもんじゃ

作り方

基本のもんじゃの2で明太子(50g)、8等分に切った切りもち(1個分)を加えて焼く。明太子を全体に広げるようにして焼くのがおいしく作るコツ！

ひき肉＆にらでガッツリと
スタミナもんじゃ

作り方

基本のもんじゃの2でサラダ油を熱したあと、豚ひき肉(80g)を塩・こしょう(各少々)で炒めておく。4cm長さに切ったにら(3本)も加えて焼く。

097

パーティーが盛り上がる度 ★★★

いろいろな具材を入れて楽しんで!

たこ焼き

材料(作りやすい分量)

ベビースターラーメン…1袋
薄力粉…1カップ(110g)

A | 水…1カップ
  | 卵…1個
  | めんつゆ…大さじ1

サラダ油…適量
ゆでたこの足…1本
ソース(市販)…適宜

作り方

1. ボウルに薄力粉を入れ、混ぜ合わせた A を2回に分けて入れ、混ぜ合わせる。

2. たこ焼き器に油を熱し、1をふちにあふれるくらい入れ、1cm角に切ったたこ、ベビースターラーメンを入れて焼く。

3. はみ出した部分も入れ、竹串などで回転させながら裏返し、転がしながらこんがりと焼く。お好みのソースを添える。

バリエーション

ミニトマト+ベーコン

ミニトマト(小さめ10個)と細切りにしたベーコン(ハーフサイズ3枚)をたこの代わりに入れる。

ソーセージ+カレー+コーン

生地にカレー粉(小さじ2)を加え、1cmの小口切りにしたソーセージ(3本)とコーン(大さじ2)をたこの代わりに入れる。

★Memo★

仕上げにさらにベビースターラーメンをトッピングしても◎。

Chapter.3

春菊とじゃこの香りがいい!

春菊チヂミ風

材料(1枚分)

ベビースターラーメン…1袋
春菊…4本
卵…1個
水…大さじ4
薄力粉…70g
ちりめんじゃこ…大さじ2
ごま油…小さじ3

〈たれ〉
しょうゆ・酢…各小さじ2
ごま・七味唐辛子…各少々

作り方

1. 春菊は葉を摘み、茎は斜め薄切りにする。

2. ボウルに卵、水を入れて泡立て器で混ぜ、薄力粉を加えて粉っぽさがなくなるまで混ぜる。ベビースターラーメン、ちりめんじゃこ、**1**を入れてヘラでさっくりと混ぜる。

3. フライパンにごま油(小さじ2)を熱し、**2**を入れ、フライ返しで押さえながら弱めの中火で4分焼く。裏返してごま油(小さじ1)をふちから入れ、同じように4分焼く。

4. 器に盛り、たれの材料を合わせて添える。

Memo★

春菊の香り成分リモネンには、食欲増進効果があります!

Chapter.3

ふわふわ感アップで食べやすい!

豆腐入り
お好み焼き

ドデカイ
ラーメン
でもおいしい!

材料(1枚分)

ベビースターラーメン…1袋
キャベツ…50g
豆腐(絹・木綿どちらでも)…80g
水…1/4カップ
薄力粉…1/2カップ(55g)
サラダ油…小さじ2
豚バラ肉…4枚
ソース・かつお節・青のり・マヨネーズ…各適宜

作り方

1. キャベツは太めの千切りにしておく。

2. ボウルに豆腐を入れてつぶし、水を加え、泡立て器で混ぜ、薄力粉を入れてさらに混ぜる。ベビースターラーメン、*1*を加えて混ぜ合わせる。

3. フライパンにサラダ油を熱し、*2*を入れ、豚肉をのせる。弱めの中火で両面4分ずつ焼く。お好みでソース、かつお節、青のり、マヨネーズをかける。

★Memo★

豆腐は水切りなしでOK。ふんわり食感に仕上がります!

column 3

ベビースター
アンバサダーレシピ

ベビースターのさまざまな楽しみ方を伝えるため、人気ブロガー3名が
ベビースターアンバサダーに就任。彼女たちのとっておきレシピをお届けします!

ambassador

たっきーママさん

ラー油のパリパリピリ辛
ベビースターツナサラダ

食べ応えのあるピリ辛サラダ

材料(2人分)

- ベビースターラーメン…たっぷり
- ベビーリーフ…1袋
- ツナ缶(オイルを切る)…1缶

A
- 白ねぎ(みじん切り)…10cm分
- にんにく(みじん切り)…1片分

A
- ごま油…大さじ3
- オリーブオイル…大さじ1
- 豆板醤…小さじ2
- 砂糖…小さじ1
- ラー油…3〜4滴

作り方

1. 器にベビーリーフを敷き、ツナをのせてベビースターラーメンをかけ、混ぜ合わせたAをかける。

ambassador
山本ゆりさん

あっさりベビースターチャーハン

梅干しと大葉でさっぱりと!

材料(2人分)

ベビースターラーメン…1/2袋
長ねぎ…1本
たくあん…50g
梅干し(しそ漬け)…小6個
卵…2個
サラダ油・ごま油…各大さじ1
温かいごはん…茶碗大2膳分

A｜塩…小さじ1/2
　｜しょうゆ…小さじ2
　｜こしょう…少々
　｜白いりごま…適量

大葉…6枚

作り方

1. 長ねぎはみじん切り、たくあんは7mm角に切る。梅干しは種を取ってたたき、卵は溶いておく。

2. フライパンにサラダ油を熱して卵を流し、大きく混ぜて半熟状になったら取り出す。ごま油を足し、長ねぎを炒めてしんなりしたら、たくあんと梅干しを加えて炒める。ごはんを加えて卵を戻し入れ、ベビースターラーメンを加え、Aで味を調える。

3. 器に盛り、細切りにした大葉をのせる。

column 3

ambassador
かな姐さん

スティックフライドベビースターラーメン

お弁当にもぴったり！

材料(2人分)

ベビースターラーメン…1袋
鶏むね肉…1枚

A｜塩…少々
　｜マヨネーズ…大さじ1
　｜薄力粉…大さじ1

サラダ油…適量
レモン(半月切り)…適宜

作り方

1. 鶏むね肉は皮を取り除いてスティック状に切り、Aを絡めて10分ほど置く。ベビースターラーメンは袋の上から麺棒などでたたいて少し砕く。

2. フライパンに5mmくらいの深さになるようにサラダ油を注ぎ、170度に熱する。鶏むね肉を1本ずつボウルに入れてベビースターラーメンをまぶし、フライパンに並べて揚げ焼きにする。片面が固まったら裏返し、両面こんがりと揚げる。お好みでレモンを添えていただく。

Chapter 4

もう一品ほしいときや
おつまみに！
小さなおかず

あと一品足りない、さっとおつまみを作りたい。

そんなときは、ベビースターにおまかせ！

のせたり、あえたりするだけで

あっという間においしい一品ができあがります。

挟むだけでおしゃれな一品に

ベビースターかまぼこ

材料(2人分)
ベビースターラーメン…1/2袋
かまぼこ(小)…1本
大葉…3枚

作り方
1. かまぼこは6等分に切り、それぞれ真ん中に切れ目を入れる。大葉は半分に切る。
2. かまぼこの切れ目に大葉とベビースターラーメンを挟む。

★Memo★ 大葉がさわやかに香り、箸休めにもぴったり！

磯風味にアレンジ!

青のりとちくわの
ポテトサラダ

材料(2人分)
ベビースターラーメン…1/2袋
じゃがいも…1個
ちくわ…1本

A | 青のり…小さじ1
  | マヨネーズ…大さじ3

作り方
1. 濡らして絞ったキッチンペーパーでじゃがいもを包んでラップで包み、電子レンジで5分加熱してつぶす。ちくわは輪切りにする。

2. 1とベビースターラーメン、Aをざっくりと混ぜ合わせる。

★Memo★ ベビースターラーメンとちくわ、青のりがポテトサラダの旨味をアップ!

手軽につまめる簡単おつまみ

きゅうりボート

材料(2人分)
ベビースターラーメン
…1/2袋
きゅうり…1本
マヨネーズ…適量

作り方

1. きゅうりは半分の長さに切って縦半分に切り、種をスプーンで取る。
2. ベビースターラーメンにマヨネーズ(大さじ1・1/2)を混ぜる。
3. 1に2をのせ、さらにマヨネーズ(お好みで)をかける。

★ Memo 仕上げのマヨネーズは、線状にかけると見た目もきれいです！

Chapter.4

コクのあるタレが合う！
レタスカップ

ラーメン丸でもおいしい！

材料（2人分）
ベビースターラーメン…1袋
レタス…4枚
かいわれ大根…少々

A｜味噌…小さじ1
　｜ヨーグルト…大さじ2

作り方
1. レタスに等分したベビースターラーメンを入れる。
2. 1の上に2㎝長さに切ったかいわれ大根をのせ、混ぜ合わせたAをかける。

★Memo　味噌とヨーグルトは、いろいろな野菜に合う万能だれです！

にんじんがたっぷり食べられる

千切りにんじんサラダ

材料(2人分)
ベビースターラーメン…1袋
にんじん…1本
オリーブオイル…小さじ2
マスタード…小さじ1
パセリ…適量

作り方
1. にんじんはスライサーで千切りにし、耐熱容器に入れてラップをして電子レンジで40秒加熱する。

2. 1にオリーブオイル、マスタードを混ぜて粗熱を取る。ベビースターラーメンと混ぜて盛り付け、刻んだパセリをふる。

★Memo★ にんじんに含まれるβ-カロテンは油と一緒に摂ると吸収力アップ！

Chapter.4

あと一品におすすめ度 ★★☆

ごはんにもお酒にも合う!

ピリ辛もやし

材料(2人分)
ベビースターラーメン…1袋

もやし…1袋

A
- しょうゆ…大さじ1
- 砂糖・酢・ラー油 …各小さじ1

作り方
1. もやしは耐熱容器に入れ、ラップをかけて電子レンジで2分加熱する。
2. 1の粗熱が取れたら、容器の底に溜まった水を捨て、A、ベビースターラーメンを混ぜる。

★Memo　お好みに合わせてラー油の量を調節してください!

缶を開けてのせるだけ！

オイルサーディンアレンジ

材料(2人分)
ベビースターラーメン…1/2袋
オイルサーディン缶…1缶
レモン(くし形切り)…1個

作り方
1. オイルサーディンの缶にベビースターラーメンをのせ、レモンを添える。

★Memo　オイルサーディンの原料はイワシ。カルシウムを手軽に摂れます！

Chapter.4

おしゃれなリエット風おつまみ
サバディップ

材料(2人分)
ベビースターラーメン…1袋
サバの水煮缶…1缶(145g)

A｜マヨネーズ…大さじ1
　｜酢…小さじ1
　｜こしょう…少々

ディル(あれば)…少々
フランスパン…適量

作り方

1. サバの水煮缶は缶汁をきってボウルに入れ、フォークでつぶしてAを混ぜる。

2. 1にベビースターラーメンを加えてさっくり混ぜる。器に盛ってディルをのせ、薄切りにしたフランスパンを添える。

★**Memo** サバの水煮缶は、缶汁をしっかり切るのがポイント！

韓国風のヤミツキおつまみ

海苔キムチ

ドデカイラーメンでもおいしい!

材料(2人分)

ベビースターラーメン…1袋
キムチ…50g
すりごま…大さじ1
海苔…1枚

作り方

1. キムチは大きいようなら刻み、ベビースターラーメン、すりごまと混ぜ合わせる。

2. 適当なサイズに切った海苔で *1* を巻く。

★*Memo*★ すりごまを加えることで、キムチがマイルドになります。

Chapter.4

塩気がきいてお酒がすすむ

塩辛やっこ

材料(2人分)

ベビースターラーメン…1/2袋
いかの塩辛…大さじ2
豆腐(絹・木綿どちらでも)
…1丁(300g)
小ねぎ…5㎝

作り方

1. ベビースターラーメンと塩辛を混ぜて豆腐にのせ、小口切りにした小ねぎをふる。

★Memo★ 豆腐にのせるほか、ごはんにのせてもおいしい！

居酒屋のお通し風
ウスターキャベツ

材料(2人分)
ベビースターラーメン…1袋
キャベツ…2枚
ウスターソース…適量

作り方
1. キャベツはざっくりとちぎる。ベビースターラーメンを巻き、ソースをつけながら食べる。

★Memo★ 甘みの少ないウスターソースは、キャベツとの相性抜群!

Chapter.4

生のピーマンをおいしく！

ピーマンカップ

材料(2人分)

ベビースターラーメン…1袋
ピーマン…2個
味付きザーサイ…適量

作り方

1. ピーマンは半分に切って種とわたを取り、4等分したベビースターラーメンを入れる。

2. 細切りにしたザーサイをのせる。

★*Memo*★　小さいピーマンの場合は数量を4個にしてください。

彩りもきれいなイタリアン前菜

カプレーゼ

ドデカイラーメンでもおいしい！

材料（2人分）
- ベビースターラーメン…1/2袋
- トマト…1個
- モッツァレラチーズ…1個
- オリーブオイル…適量
- バジルの葉…3枚

作り方
1. トマト、モッツァレラチーズは半月切りにして器に交互に盛りつける。ベビースターラーメンをのせ、オリーブオイルをかけて最後にバジルをのせる。

★ Memo　すぐにできて見た目もおしゃれなので、パーティーの前菜にも！

旨味がギュッと凝縮

キムチ風はりはり漬け

材料（2人分）
ベビースターラーメン…1袋
切り干し大根…20g

A
| しょうゆ・酢…各小さじ1
| 砂糖…小さじ1/2
| 水…大さじ1
| 豆板醤…小さじ1/4

にら…2本

作り方
1. 切り干し大根は洗って水気を絞り、耐熱容器に入れる。Aを加えて混ぜ合わせ、ラップをかけて電子レンジで1分加熱する。

2. 1に2cm長さに切ったにらを混ぜ、粗熱を取る。

3. 2とベビースターラーメンを混ぜ合わせる。

★Memo★ 切り干し大根には食物繊維やカルシウムなどの栄養素が豊富です。

ゆで卵がおしゃれに変身!

デビルズエッグ

材料(2人分)
ベビースターラーメン…1/2袋
ゆで卵…2個
マヨネーズ…大さじ2
粉チーズ・パセリ(みじん切り)
…適量

作り方

1. ゆで卵は半分に切る。

2. ボウルに1の黄身を入れてマヨネーズを混ぜ、ベビースターラーメンを加えて混ぜ合わせる。

3. 2を1の白身に詰める。粉チーズ、パセリをふる。

★ *Memo*　見た目にもインパクトがあるので、おもてなしにぴったり!

Chapter.4

見た目も食感も楽しい！

ふわふわはんぺん

材料（2人分）
ベビースターラーメン…1袋
きゅうり…1本
はんぺん…1袋
ごま油…小さじ2
こしょう…適量

作り方
1. きゅうりは細切りにしてベビースターラーメンと混ぜ、器に盛る。
2. はんぺんは袋のままもみつぶして1にのせ、ごま油、こしょうをふる。

★Memo★ ポリポリ、ふわふわ、シャキシャキといろいろな食感が楽しめる！

column 4
ベビースターラーメンの歴史＆商品紹介

創立70周年、ベビースターが誕生して60年。
みなさまにおなじみとなった
おやつカンパニーとベビースターラーメンの歴史を紹介します。

1948 前身の「松田産業有限会社」を設立

1959 「ベビーラーメン」を販売開始

1973 「ベビースターラーメン」に商品名を変更

1975 有限会社から株式会社に改め「松田産業株式会社」へ

1979 創立30周年。「井関工場」を竣工

食材 INDEX

野菜類

アボカド
ワカモーレ…022
コブサラダ…036
ねぎ塩サーモンアボカド…046
アボカドもんじゃ…096

イタリアンパセリ
冷やしトマト…020

大葉
明太子…024
梅大葉…025
豆サラダ…032
薬味もんじゃ…096
あっさりベビースターチャーハン…105
ベビースターかまぼこ…108

オクラ
豆サラダ…032

かいわれ大根
梅もんじゃ…096
レタスカップ…111

キャベツ
塩キャベツ…021
サンドイッチ…083
ソース焼きそば…086
基本のもんじゃ…094
豆腐入りお好み焼き…102
ウスターキャベツ…118

きゅうり
ガリのラビゴットソース…023
ライタ…034
コブサラダ…036
生春巻き…048
きゅうりボート…110
ふわふわはんぺん…123

グリーンアスパラガス
塩焼きそば…087

ゴーヤ
ゴーヤチャンプルー…058

小ねぎ
油揚げピザ…042
レンジ麻婆豆腐…060
薄切り塩豚のカリカリ焼き…064
卵かけごはん…076
塩辛やっこ…117

サラダ菜
エビのチリソース…062

じゃがいも
ハッシュドポテト…052
青のりとちくわのポテトサラダ…109

春菊
春菊チヂミ風…100

しょうが
ジンジャーマヨセロリ…020
レンジ麻婆豆腐…060
エビのチリソース…062
鶏の唐揚げ…066
薬味もんじゃ…096

白ねぎ
ラー油のバリバリピリ辛
ベビースターツナサラダ…104

スナップエンドウ
淡雪あんかけ…090

セロリ
ジンジャーマヨセロリ…020

大根
大根おろし…024

玉ねぎ
オニオンスライス…021
ワカモーレ…022
ドライカレー…080

ディル
サバディップ…115

トマト
冷やしトマト…020
カプレーゼ…120

長芋
とろろ…021

長ねぎ
ねぎ塩サーモンアボカド…046
ねぎ塩ラーメン…084
ケチャップあんかけ焼きそば…088
あっさりベビースターチャーハン…105

なす
なす味噌もんじゃ…097

にら
卵焼き…038
スタミナもんじゃ…097
キムチ風ばりはり漬け…121

にんじん
千切りにんじんサラダ…112

にんにく
にんにくマヨ…014
コンビーフ缶…022
ライタ…034
アヒージョ…050
鶏の唐揚げ…066
ドライカレー…080
ラー油のバリバリピリ辛
ベビースターツナサラダ…104

パクチー
パクチー…018
生春巻き…048

バジル
カプレーゼ…120

パセリ
チーズソース…017
じゃこオイルディップ…022
アヒージョ…050
千切りにんじんサラダ…112
デビルズエッグ…122

ピーマン
ピーマンとじゃこのきんぴら…054
ドライカレー…080
ピーマンカップ…119

ベビーリーフ
ラー油のバリバリピリ辛
ベビースターツナサラダ…104

水菜
水菜のパリパリサラダ…030

ミニトマト
ワカモーレ…022
ガリのラビゴットソース…023
コブサラダ…036
アヒージョ…050

みょうが
豆サラダ…032

薬味もんじゃ…096

もやし
ソース焼きそば…086
ピリ辛もやし…113

リーフレタス
コブサラダ…036
生春巻き…048

レタス
まぐろのピリ辛ユッケ風…044
レタスカップ…111

れんこん
れんこんと鶏ひき肉の塩きんぴら…056

きのこ類

えのきだけ
塩焼きそば…087

しいたけ
しいたけマヨチーズ…040

しめじ
アヒージョ…050

フルーツ

ベリー
ヨーグルトトライフル…027

レモン
スイートチリ風ツナディップ…023
ねぎ塩サーモンアボカド…046
塩焼きそば…087
スティックフライド
ベビースターラーメン…106
オイルサーディンアレンジ…114

肉類

合いびき肉
ドライカレー…080

鶏ひき肉
れんこんと鶏ひき肉の塩きんぴら…056

鶏むね肉
スティックフライド
ベビースターラーメン…106

鶏もも肉
鶏の唐揚げ…066
チーズタッカルビ風…068

豚切り落とし肉
ソース焼きそば…086

豚バラ肉
薄切り塩豚のカリカリ焼き…064
豆腐入りお好み焼き…102

豚ひき肉
レンジ麻婆豆腐…060
スタミナもんじゃ…097

肉加工品

生ハム
グリッシーニ風…026

ベーコン
塩焼きそば…087

魚介類

サーモン(刺身用)
ねぎ塩サーモンアボカド…046

まぐろ(刺身用)
まぐろのピリ辛ユッケ風…044

むきエビ
アヒージョ…050
エビのチリソース…062

明太子
明太子…024
明太子もちもんじゃ…097

ゆでたこの足
たこ焼き…098

冷凍シーフードミックス
ケチャップあんかけ焼きそば…088

海藻・乾物

青のり
大根おろし…024
お茶漬け…077
鮭ふりかけパスタ…092
豆腐入りお好み焼き…102
青のりとちくわのポテトサラダ…109

切り干し大根
キムチ風はりはり漬け…121

桜エビ
桜エビとラー油…016
アボカドもんじゃ…096

海苔・刻み海苔
油揚げピザ…042
塩焼きそば…087
海苔キムチ…116

もずく酢
もずく酢…019

卵

温泉卵
温玉のっけ…018

卵
卵焼き…038
ゴーヤチャンプルー…058
鶏の唐揚げ…066
卵かけごはん…076
たこ焼き…098
春菊チヂミ風…100
あっさりベビースターチャーハン…105

ゆで卵
コブサラダ…036
デビルズエッグ…122

卵黄
オニオンスライス…021
まぐろのピリ辛ユッケ風…044

卵白
淡雪あんかけ…090

大豆加工品

油揚げ
油揚げピザ…042

豆乳
豆乳キャラメルクリーム…025
豆乳クリーム…025

豆腐
つぶし豆腐…019
レンジ麻婆豆腐…060
豆腐入りお好み焼き…102
塩辛やっこ…117

納豆
納豆ディップ…023

乳製品

カマンベールチーズ
チーズフォンデュ…026

牛乳
練りごま…016
チーズソース…017
豆サラダ…032

クリームチーズ
チーズソース…017
チーズケーキ…027

粉チーズ
チーズこしょう…014
じゃこオイルディップ…022
デビルズエッグ…122

生クリーム
ホイップクリームわさび…015

ピザ用チーズ
しいたけマヨチーズ…040
油揚げピザ…042
チーズタッカルビ風…068
アボカドもんじゃ…096

モッツァレラチーズ
カプレーゼ…120

ヨーグルト
しば漬けタルタル…019
ヨーグルトトライフル…027
ライタ…034
レタスカップ…111

缶詰

オイルサーディン缶
オイルサーディンアレンジ…114

コーン缶
マヨコーンパン…082
味噌バターコーン…085

コンビーフ缶
コンビーフ缶…022

サバの水煮缶
サバディップ…115

ツナ缶
スイートチリ風ツナディップ…023
ゴーヤチャンプルー…058
ラー油のバリバリピリ辛
ベビースターツナサラダ…104

ミックスビーンズ缶
豆サラダ…032

ごはん・もち

切りもち
ベビースターラーメンもち…079
明太子もちもんじゃ…097

ごはん
卵かけごはん…076
お茶漬け…077
おかゆ…078
ドライカレー…080
あっさりベビースターチャーハン…105

パン

サンドイッチ用食パン
サンドイッチ…083

フランスパン
サバディップ…115

ロールパン
マヨコーンパン…082

麺類

パスタ
鮭ふりかけパスタ…092

その他

味付きザーサイ
ピーマンカップ…119

いかの塩辛
塩辛やっこ…117

梅干し
梅大葉…025
梅もんじゃ…096
あっさりベビースターチャーハン…105

カニ風味かまぼこ
淡雪あんかけ…090

かまぼこ
ベビースターかまぼこ…108

キムチ
まぐろのピリ辛ユッケ風…044
チーズタッカルビ風…068
海苔キムチ…116

ココア
チョコソース…027

鮭フレーク
鮭ふりかけパスタ…092

しば漬け
しば漬けタルタル…019

しょうが甘酢漬
ガリのラビゴットソース…023

たくあん
あっさりベビースターチャーハン…105

ちくわ
青のりとちくわのポテトサラダ…109

ちりめんじゃこ
じゃこオイルディップ…022
ピーマンとじゃこのきんぴら…054
梅もんじゃ…096
春菊チヂミ風…100

練りごま
練りごま…016

はんぺん
ふわふわはんぺん…123

ピーナッツバター
ピーナッツだれ…016

紅しょうが
ソース焼きそば…086

ミックスナッツ
カレーナッツ…015

ゆかり
つぶし豆腐…019

ライスペーパー
生春巻き…048

Staff

撮影　三好宣弘（STUDIO60）
フードスタイリング・フードコーディネート　大友育美
調理アシスタント　水嶋千恵　宮本恵都　金城陽子
編集協力　明道聡子（リブラ舎）
デザイン　スタイルグラフィックス
イラスト　鳥居志帆
校正　東京出版サービスセンター
協力　株式会社電通・株式会社電通テック
編集　森 摩耶（ワニブックス）

食卓で大活躍！　簡単＆おいしい101品

監修　株式会社おやつカンパニー

2018年10月11日　初版発行

発行者　横内正昭
編集人　青柳有紀
発行所　株式会社ワニブックス
〒150-8482
東京都渋谷区恵比寿4-4-9　えびす大黒ビル
電話　03-5449-2711（代表）
　　　03-5449-2716（編集部）
ワニブックスHP　http://www.wani.co.jp/
WANI BOOKOUT　http://www.wanibookout.com/

印刷所　株式会社 美松堂
製本所　ナショナル製本

定価はカバーに表示してあります。
落丁本・乱丁本は小社管理部宛にお送りください。送料は小社負担にてお取替えいたします。
ただし、古書店等で購入したものに関してはお取替えできません。
本書の一部、または全部を無断で複写・複製・転載・公衆送信することは
法律で認められた範囲を除いて禁じられています。

© 株式会社おやつカンパニー 2018
ISBN 978-4-8470-9725-6

※本書に記載されている情報は2018年9月時点のものです。
掲載されている情報は変更になる場合もございます。